Alfred Fouillée

Les Erreurs sociologiques et morales des démocraties

Essai

ISBN : 978-1979792615

10 9 8 7 6 5 4 3 2 1

Alfred Fouillée

Les Erreurs sociologiques et morales des démocraties

Essai

Table de Matières

Introduction

On sait qu'Auguste Comte, à l'exemple des anciens, regardait la politique comme une véritable science. Le gouvernement est une application des lois générales de la sociologie à telle nation donnée, dans telles circonstances historiques. Un des principaux hommes d'État de la troisième République, Gambetta, ne faisait que se souvenir des vues d'Auguste Comte lorsqu'il caractérisait ainsi la politique de l'avenir : « Il viendra un jour où, ramenée à son véritable rôle, ayant cessé d'être la ressource des habiles et des intrigants, renonçant aux manœuvres déloyales et perfides, à l'esprit de corruption, à toute cette stratégie de dissimulation et de subterfuges, la politique deviendra ce qu'elle doit être, une science morale, expression de tous les rapports des intérêts, des faits et des mœurs, où elle s'imposera aussi bien aux consciences qu'aux esprits et dictera les règles du droit aux sociétés humaines. » Certes, la science n'est pas tout dans la politique, puisque celle-ci implique l'art. Il n'en est pas moins vrai que l'art doit être soumis à des règles. La science morale doit déterminer le but à poursuivre, qui est la justice ; la science sociale doit trouver les moyens et faire pour les peuples ce que l'astronomie et l'hydrographie font pour les navigateurs ; ceux-ci, grâce aux astronomes, ne prévoient-ils pas souvent les tempêtes et n'évitent-ils pas parfois les naufrages ?

Gouvernement de la nation par la nation, la démocratie peut être entendue de diverses manières, selon l'idée même qu'on se fait d'une nation. Deux erreurs doivent être ici évitées : individualisme exclusif et socialisme exclusif. La première absorbe entièrement la nation dans les individus ; la seconde absorbe les individus dans la nation ou dans tout autre groupe qu'on prétend lui substituer. Nous verrons que les excès de la première erreur, par une réaction inévitable, entraînent les excès de la seconde. Ce qui domine toute la science politique, c'est ce principe de sociologie que la nation ne représente ni un pur contrat entre volontés, ni un simple organisme vivant, mais la synthèse des deux. Que le contrat implicite ou explicite entre individus qui s'associent joue un rôle prépondérant dans les démocraties modernes, c'est ce qui est incontestable : mais elles ne doivent pas oublier pour cela, comme elles l'oublient trop souvent, les liens organiques qui font de chaque patrie un corps animé, ayant sa structure et ses fonctions. C'est la considération exclusive du premier point qui aboutit à l'individualisme ; la considération du second, si elle était seule, aboutirait à l'anéantissement de l'individu dans l'organisme collectif, par conséquent au collectivisme. Nous voudrions montrer que la vraie démocratie doit éviter ces deux écueils, d'abord dans le domaine de l'éducation, puis dans celui des institutions nationales.

Section I

Ce qu'il y a de vrai et de juste dans l'individualisme, c'est que la personne humaine, conçue comme douée de « raison » et de « liberté, » a une valeur morale sans commune mesure avec toutes les valeurs matérielles, une valeur qui lui confère un droit au respect et à l'amour. L'individu se rend sacré et inviolable par l'idée même qu'il a de sa dignité possible et par la force inhérente à cette idée. Or tous les individus humains, passés et à venir, ayant la même idée directrice, ont les mêmes droits et, à ce titre, forment une vraie société humaine, non plus animale.

Aussi le point de vue individuel, quand il s'agit d'êtres intelligents, doit-il être absolument inséparable du point de vue social. Tout système est faux qui considère les personnes humaines sans leurs rapports avec l'ensemble, ou l'ensemble sans ses rapports avec les personnes. L'individualisme exclusif tombe dans le premier excès, ou, s'il met l'individu en présence des autres, il comprend mal leurs rapports, qu'il ramène à ceux d'une collection numérique.

Cette sorte d'atomisme moral et social s'était déjà montré à Athènes. Même dans le domaine de la pensée, la doctrine qui parut finalement la plus claire aux Grecs, ce fut l'atomisme. De petits morceaux insécables de matière, de petits individus s'agrégeant et s'associant dans le temps et dans l'espace, quoi de plus lucide pour l'imagination ? La nature s'explique alors avec une facilité étonnante : c'est une question de « gauche, droite ! » Les atomes s'accrochent et le monde se fait. L'individualisme démocratique de notre époque transporte une conception non moins « claire » et non moins rudimentaire dans le monde moral et social : chaque individu devient un atome qui, selon son bon plaisir, s'accroche ou ne s'accroche pas à l'atome voisin. On additionne les atomes : c'est le suffrage purement numérique. Toute idée d'organisme stable est écartée comme attentatoire à l'autocratie de l'individu. Rendre tous les groupements éphémères, comme des tourbillons de sable qui montent ou tombent selon le vent, voilà l'idéal. Chacun n'est plus tenu par rien et ne sera bientôt plus tenu à rien. Moi, dis-je, et c'est assez !

La liberté individuelle, premier terme de la devise républicaine, a pour inévitables conséquences des abus que son essence même l'empêche de prévenir ; l'entière liberté de l'individu devrait donc avoir son contrepoids dans son entière responsabilité envers la nation dont il est solidaire. Exalter la liberté individuelle au sens purement négatif de Mill et de Spencer, c'est, selon le mot d'un Anglais, comme si on exaltait la force centrifuge du système solaire en écartant la force centripète. « Laisser faire « toutes les libertés, rien de plus facile ; organiser toutes les responsabilités, rien de plus difficile.

Quant à l'*égalité*, second terme de la devise républicaine, les individualistes s'en font une idée non moins fausse que de la liberté. Qu'est-ce que la Révolution a voulu proclamer ? L'égalité de tous les citoyens *devant la loi*, c'est-à-dire le droit de tous les individus à être traités *également* pour des actes *égaux, inégalement* pour des actes *inégaux*. Cette proportionnalité ne doit pas être confondue avec l'égalité brute, qui ne met en ligne de compte ni la différence des mérites, ni celle des intelligences ou des volontés. L'égalitarisme individualiste, aujourd'hui à la mode dans les démocraties, est, sous son faux nom, le triomphe de l'inégalité même, puisqu'il traite également ce qui est inégal. De son côté, le collectivisme égalitaire voudrait payer les mêmes salaires au travailleur et au paresseux, à l'homme intelligent et à l'inintelligent, à l'ignorant et au savant, au citoyen dévoué ou à l'égoïste ; et il appelle cela égalité ! C'est l'inégalité même, puisque celui qui a fourni quatre fois plus d'effort ne recevra rien de plus que les autres : l'homme actif et capable sera donc moins bien traité que le paresseux ou l'incapable.

Si l'égalitarisme brut est contre Injustice, il est aussi contre la nature, car il méconnaît le mode naturel du progrès. Dans les organismes, comment ont lieu les perfectionnements ? Par sélection. Or, la sélection suppose précisément une rupture d'égalité, une supériorité quelconque de force, soit physique, soit intellectuelle, soit morale. Si, à l'encontre de cette loi, l'individualisme égalitaire et le socialisme égalitaire s'accordent pour niveler tout, ils suppriment par cela même la possibilité de sélection et de progrès. En vertu d'une telle méthode, les vieux anthropoïdes auraient dû empêcher l'homme de faire souche à part, de s'élever peu à peu au-dessus de ses cousins les gorilles et orangs-outangs. C'est en cela qu'eût consisté leur égalitarisme. Si, dans l'avenir, une fausse démocratie arrivait à réaliser sur terre le nivellement artificiel des individus, elle ferait rétrograder l'humanité vers ses origines. La sélection des pires se substituant à la sélection des meilleurs, on verrait l'homme civilisé, après avoir redescendu tous les degrés de l'échelle, retomber dans les bras de son frère l'homme des bois et lui dire : — Enfin nous sommes égaux ! Faisons-nous maintenant les égaux de nos inférieurs, jusqu'à ce que nous soyons abîmés dans le néant, seul domaine où règne l'absolue égalité. Exister, c'est déjà être l'inégal de zéro.

Le faux égalitarisme veut que nous soyons le plus possible *semblables* aux autres ; mais la similitude n'est qu'une relation extérieure, qui ne détermine pas ce que nous devons être en nous-mêmes et par nous-mêmes. Avant de ressembler à autrui, il faut être soi. L'égalité vraie est précisément l'égal pouvoir pour chacun de n'être pas semblable aux autres sous tous les rapports ; c'est le droit égal aux inégalités de toutes sortes, entant que compatible avec le même droit chez autrui. La vraie justice est donc la proportionnalité, qui enveloppe sans doute une égalité fondamentale de *droits*, mais qui implique aussi des rapports variables et des qualités inégales. Le troisième principe proclamé par la Révolution, la « fraternité, » doit être entendu, selon nous, comme une forme de la justice sociale et socialement organisée. C'est l'obligation de rendre à chacun ce qui lui est dû en raison de sa fonction dans, le tout vivant et de sa solidarité avec autrui, non plus seulement en raison de ses droits individuels. Une société dont tous les membres sont volontairement solidaires est une société fraternelle.

Outre le faux individualisme et le faux égalitarisme, dont nous venons de parler, les démocraties ont un autre péril à craindre :

le matérialisme pratique, qui finit par envahir l'éducation comme la politique. Nous voyons aujourd'hui sur tous les points et chez tous les peuples, mais principalement dans les démocraties, se produire un mouvement général qu'on pourrait appeler, avec M. Simmel, l'*extériorisation* de la vie. Le marxisme en a été la formule. Au point de vue intellectuel, ce que la plupart des esprits considèrent de nos jours, ce n'est plus le ressort de toute science, je veux dire la *théorie*, œuvre de l'invention et de l'initiative, due aux grandes individualités ; c'est la technique, dont parle Marx, œuvre de l'application et, trop souvent, de l'*imitation*, plus ou moins perfectionnée par les petits efforts successifs de petits individus. Le triomphe de ce nouvel esprit s'est exprimé dans la proposition de Karl Marx : la *technique* régit le mouvement de l'humanité. C'est le procédé pratique pour construire le moulin à bras ou le procédé pratique pour construire la machine à vapeur qui est érigé en principal moteur du genre humain. Ce n'est pas sans raison que Marx, pour désigner cette *extériorisation*, a employé les mots de *matérialisation* et de *matérialisme historique*.

Au point de vue esthétique, même évolution à la fin du XIXe siècle. Là encore, la technique est trop souvent passée au premier plan, le procédé a remplacé l'inspiration. Qui fut jamais-plus habile que certains ouvriers en vers ? Ils sont rompus aux tours de main qui constituent le métier ; trop souvent les pensées et sentiments leur manquent. Pareillement, certains peintres sont des techniciens d'adresse consommée ; certains compositeurs nous intéressent par les tours de passe-passe de la technique musicale : ils accomplissent les sauts de modulation les plus hardis et, d'une faute contre les règles, ils savent faire un raffinement de quelque règle. Mais la science n'est pas le génie, pas plus que l'intelligence n'est le cœur.

Passez maintenant au point de vue moral et social : vous verrez, dans la seconde moitié du XIXe siècle, le même triomphe du dehors sur le dedans. Il ne s'agit plus pour une société, comme on osait le dire au bon vieux temps, d'être *juste* ; il s'agit, ici encore, de découvrir la meilleure technique pour assurer le *bien-être au plus grand nombre*, — chose que la morale même, d'ailleurs, ordonne de poursuivre, mais qui n'est pour le moraliste que le moyen d'une élévation finale de l'humanité entière.

Cette élévation, maints techniciens de la démocratie, individualiste ou socialiste, ne s'en préoccupent guère ; ils ont leurs regards tournés vers les procédés les plus propres à répartir les jouissances matérielles, à les faire circuler partout comme des canaux d'irrigation ingénieusement distribués. L'intensité de la vie intérieure n'est plus rien : il s'agit, pour l'individu, d'être une unité extérieurement utile dans le total social ; la technique marxiste, par des procédés matériels, assurera la conservation et la prospérité également matérielles de l'ensemble. A la morale se substitueront l'économique et la politique, qui sont, en somme, deux formes de technique sociale. Dans la pédagogie, nous voyons les mêmes tendances triompher. Sur la fin du dernier siècle, littérature et histoire ont fait place à la technique littéraire et historique, à la philologie, à la grammaire, à la métrique, à l'érudition, à la critique : que ne poursuit-on pas, sauf la vraie production intellectuelle et l'invention ? Aristote a eu beau dire que, « pour savoir, il faut faire, » savoir ce que les autres ont fait est tout pour maints pédagogues, faire n'est plus rien. Pouvez-vous scander un vers de Virgile ? Oui ? Cela suffit : peu importe que vous n'en sentiez pas la poésie ou que vous soyez vous-même incapable de faire un vers. Connaissez-vous la date et le plan des oraisons funèbres de Bossuet ? Oui ? C'est parfait. Peu importe que, personnellement, vous soyez incapable de bien écrire ou de bien parler. Même en philosophie, certains pédagogues vous demanderont maint détail de psycho-physiologie ou de logique ; sur les grandes questions, qui sont les questions vitales, ils feront silence. C'est là ce qu'on appelle *s'objectiver, s'extérioriser, se matérialiser*. La « vie moderne, » dont la fin du siècle nous a rebattu les oreilles, a pour synonymes : industrie, commerce, agriculture, colonisation. On l'a décorée du nom de « vie active, » de « vie intense, » comme si le penseur, le chercheur, le grand savant, le grand théoricien, le spéculatif, l'artiste, le poète, le philosophe, le moraliste étaient des inactifs, des « oisifs » traînant une vie de faiblesse et de langueur. La formule du XIXe siècle qui résume tout, explique tout, justifie tout, c'est : *lutte pour la vie*, pour la vie matérielle bien entendu ; on ne parle pas, et pour cause, de lutte pour la vie intellectuelle ou morale, car il faudrait dire, au contraire : *accord* pour la vie. Mais on ne se soucie plus d'accord ni d'union entre tous, on ne se soucie que du succès pour chacun ou pour le groupe dont on fait partie.

C'est ainsi que, dans le dernier siècle, la valeur économique des choses matérielles a augmenté beaucoup plus rapidement que la valeur intérieure des hommes. Le progrès des sciences positives, en produisant le perfectionnement rapide de la technique, a provoqué un développement matériel tellement en avance sur le progrès moral, que la contradiction a fini par éclater entre les choses et les hommes, entre la civilisation du dehors et la barbarie du dedans. Pour parler comme Marx, l'infrastructure matérielle a tout conquis aux dépens des supra-structures *idéologiques* (car les marxistes parlent comme Bonaparte). La « technique, » simple *effet* de la découverte spéculative et simple *moyen* pour une fin supérieure, est donc bien devenue une « fin en soi. » Peu importe ce que moud le moulin à bras ou ce que moud le moulin à vapeur ; ce dernier a plus de ren4ement net : cela suffit. C'est toujours le même grain que la *terre* nous donne, heureusement, quel que soit le moulin ; mais est-ce le même grain que nos têtes produiront avec n'importe quel genre d'instruction ou de gouvernement ? C'est ce dont on n'a cure. Pourtant, il y a des choses, et les plus essentielles, qui ne peuvent être le résultat d'un procédé et qui sont l'œuvre des *personnes* : ce sont les choses intellectuelles et morales. Le matérialisme historique les ignore.

Pour résumer le tout en une formule germanique, le perfectionnement de l'*objet* n'a fait, au dernier siècle, que mettre en évidence l'imperfection du *sujet*. Le plus important de la tâche reste donc à faire pour la démocratie : appliquer aux *sujets* pensants eux-mêmes cette perfection de méthode, de science et de technique qui, jusqu'ici, a si bien réussi pour les objets. Après avoir construit de si parfaites machines, il s'agit d'assurer maintenant la force motrice centrale, qui est intellectuelle et morale. Si on continue d'oublier les personnes pour les choses, celles-ci finiront par nous échapper à leur tour, de même que, sans les progrès de la théorie, la fameuse technique dont parle Marx s'arrêterait net. Le moulin à bras, faute d'eau, le moulin à vapeur, faute de force motrice, finiraient par demeurer immobiles ; pareillement le moulin de la civilisation industrielle, faute de pensée. On répète sans cesse : *Primum vivere, deinde philosophari* ; mais, si une société démocratique ne philosophe pas, soit sous forme religieuse, soit sous forme métaphysique et morale, elle ne pourra pas vivre.

Section II

Dans l'éducation, le faux individualisme, le faux égalitarisme et le matérialisme économique inspirent la plupart des réformateurs qui prétendent parler et agir au nom des principes démocratiques. Le nivellement, l'« indifférenciation » et l'anonymat sont leur idéal. — « Enseignement primaire ! » Pourquoi primaire ? Ce nom a quelque chose d'odieux ; il rappelle les classes, les castes, les inégalités ! enseignement *intégral* sonne bien mieux. Et de même, au second degré de l'instruction, que parle-t-on d'études « libérales, » de professions « libérales ? » Avons-nous donc encore des esclaves ? Les études *classiques* manifestent une prétention nobiliaire ; remplaçons-les par des études *modernes* ou, ce qui serait mieux encore, par des études *contemporaines*, au jour le jour. Egalité des sanctions pour tous les individus ; examens spéciaux et purement professionnels à l'entrée des carrières, où l'on viendra se présenter des quatre coins de l'horizon et où les examinateurs ne s'inquiéteront de constater qu'une chose : avez-vous les connaissances techniques individuellement utiles au médecin, s'il s'agit de médecine, à l'ingénieur, s'il s'agit de ponts et chaussées ou de tabacs, à l'avocat, s'il s'agit du Barreau (vieille institution d'ailleurs, comme l'Armée, l'Université, l'Ecole polytechnique, l'Ecole normale, etc.) ? « Si un homme connaît bien son métier, que voulez-vous de plus ? » s'écriait à la Chambre un ancien ministre de l'Instruction publique.

Selon nous, cette conception individualiste de l'enseignement est fausse ; le nivellement universel qu'elle poursuit est opposé au véritable idéal de la démocratie. Ne contredit-elle pas la division du travail, grande loi de l'organisme contractuel comme des autres organismes ? Ne contredit-elle pas la loi non moins importante de solidarité sociale, sans laquelle encore il n'y a point de vraie démocratie ? A tout vouloir égaliser, à admettre tous à tous les emplois sans demander, pour les emplois supérieurs, des conditions supérieures de culture générale, on aboutit à tout rabaisser, à compromettre à la fois toutes les fonctions de la vie collective. Il doit y avoir dans la démocratie des organes et milieux différents, selon la différence même des travaux et des liens de solidarité. C'est une injustice que de vouloir flétrir ces différences de milieux en les traitant de « castes » ou de « classes. » La vérité est qu'il faut des « élites, » fondées non sur des privilèges, mais sur des supériorités naturelles ou acquises. Ce qui légitime les divers degrés d'enseignement et les divers types d'un même degré, ce sont ces milieux divers à entretenir, non à confondre. Le milieu primaire n'est pas le milieu secondaire ; le milieu classique n'est pas le milieu « spécial » ou « moderne. » Et il est nécessaire pour les démocraties que les atmosphères ne soient pas partout les mêmes : comme il y a des plantes qui ne poussent que dans la plaine, il y en a qui ne croissent que sur les sommets.

Il existe notamment, sous le régime démocratique comme sous les autres, des fonctions ou, pour mieux dire, des missions sociales qui, n'étant point des « métiers » à l'usage des individus, doivent se recruter dans l'élite intellectuelle, parce que, en dehors, elles ne sauraient vivre. Le jour, par exemple, où la magistrature ne sortira plus d'une élite, il n'y aura plus de magistrats ; il ne restera que des manœuvres en droit, chargés d'apprendre les articles du Code et de les appliquer avec plus ou moins de servilité, pour gagner un certain salaire. Le jour où la médecine ne sortira plus d'une élite intellectuelle, vous n'aurez que des artisans en thérapeutique et en chirurgie. Le jour surtout où le professorat ne sera plus lui-même une élite, vous n'aurez que des manœuvres en préparation scientifique ou littéraire, analogues aux plus humbles préparateurs des cabinets de physique et de chimie ; l'éducation aura vécu et l'instruction même sera bientôt morte, parce que, malgré les apparences contraires, une certaine hauteur d'éducation est la condition même d'une haute instruction. Si donc la démocratie laisse envahir successivement toutes les professions libérales par les utilitaires, par les esprits de préparation hâtive qui se seront contentés d'ingurgiter individuellement les connaissances nécessaires à l'examen, qui n'auront pas respiré l'air des cimes, qui ne se seront pas vivifiés aux grands souffles littéraires, scientifiques, philosophiques, ce prétendu égalitarisme aura pour conséquence la supériorité de succès assurée aux moins dignes et aux moins scrupuleux, c'est-à-dire l'oppression des meilleurs par les pires. Vous verrez le barreau s'abaisser peu à peu (comme il le fait déjà) et ne plus trouver de résistance à l'invasion d'une foule sans valeur morale ; la seule digue sera dans le « conseil de l'Ordre, » s'il subsiste encore, et dans une discipline chaque jour moins puissante. La médecine, qui, par malheur, n'a pas un conseil de l'Ordre et en aurait grand besoin, sera livrée sans défense aux charlatans ; la pharmacie, aux vendeurs de spécialités lucratives et de médicaments falsifiés. Et comme le « peuple » ne peut pas être juge en toutes ces choses, faire les analyses chimiques, contrôler les ordonnances de ses médecins, comme il ne saurait être, partout et en tout, que la grande dupe, la profession médicale tombera de plus en plus dans la boue. « L'esprit de corps » des médecins, comme celui des avocats, — esprit jugé indigne d'une démocratie, parce qu'il entretient je ne sais quelles traditions « surannées » d'aristocratie, je ne sais quelles prétentions exorbitantes à former une élite, — s'évanouira au profit d'un autre genre d'esprit, qui sera tout simplement l'âme mercantile.

Outre les justes traditions de milieu, d'éducation et de profession, les traditions de famille doivent s'opposer aussi, pour leur part, à l'émiettement individualiste, comme au pêle-mêle socialiste. Mais, dans les démocraties actuelles, le vent souffle d'un autre côté et tend à disperser artificiellement le groupe même le plus naturel de tous, puisqu'il est établi par la nature. L'individualisme absolu, dont les socialistes adoptent souvent les principes, voudrait que les fils (qui assurément doivent avoir une valeur propre et indépendante) ne fussent en rien solidaires de leur famille, qu'ils fussent chacun comme un individu X…, tombé du ciel, bon à tout faire, n'ayant d'autres règles que les hasards de ses goûts. Tout ce qui peut rattacher les hommes entre eux semble une chaîne servile à la démocratie.

Elle commence à se révolter même contre la différence des sexes et contre les obligations que cette différence entraîne : pourquoi élever les femmes autrement que les hommes, et à part, et pour des professions différentes ? Mettons-les tous ensemble au même régime, au même brouet scientifique, historique et géographique, aux mêmes exercices gymnastiques ; ouvrons à tous et à toutes également toutes les carrières, pourvu que chacun ou chacune puisse, à l'entrée, réciter son petit manuel, comme le soldat qui récite sa *théorie*. L'individu anonyme, insexuel, sans ancêtres, sans tradition, sans milieu, sans lien d'aucune sorte, voilà, — Taine l'avait prévu, — l'homme de la fausse démocratie, celui qui vote et dont la voix compte pour *un*, qu'il s'appelle Thiers, Gambetta. Taine, Pasteur, ou qu'il s'appelle Vacher. L'individu finira par rester seul avec son moi, à la place de tous les « esprits collectifs, » à la place de tous les « milieux professionnels » qui avaient, à travers le temps, créé des liens de solidarité et maintenu des traditions d'honneur commun. Ce sera le triomphe de l'individualisme atomiste, c'est-à-dire de la force, du nombre et de la ruse.

A l'encontre de cet individualisme outré, la science sociale soutient qu'un certain mode d'éducation hiérarchique, ayant pour but la sélection d'élites à divers degrés, peut seul entretenir les différents organes de la vie nationale, maintenir tous les groupements et milieux nécessaires aux diverses fonctions de cette vie, à leur division et à leur solidarité, faire ainsi triompher la conception organique de la société sur la conception purement contractuelle et atomique, empêcher l'universelle pulvérisation de ce grand corps qui est la patrie.

Section III

Sur le domaine de l'éducation, la démocratie socialiste partage d'ordinaire les erreurs de la démocratie individualiste, mais les aggrave en voulant supprimer la liberté de l'enseignement. Le plus grand danger des démocraties populaires, c'est l'atteinte aux diverses libertés, notamment à celles de l'ordre intellectuel et moral. Ce danger vient de ce que le peuple ne peut pas sentir le prix de libertés qui lui sont à peu près inconnues et dont il n'a pas lui-même l'occasion de faire usage. Qu'est-ce que la « liberté de penser » pour celui qui n'a rien à penser, n'a jamais pensé et ne peut rien penser ? Qu'est-ce que la liberté des opinions philosophiques pour celui qui ne sait même pas ce qu'on entend par philosophie ? Qu'est-ce que la liberté de l'art pour celui qui n'a rien qu'un sens grossier de l'agréable ? Il comprendra la liberté des cafés-concerts et des danses lascives, mais comment s'intéresserait-il à la liberté des œuvres d'art sérieuses et savantes, qui le dépassent. Et la liberté de parler, pour celui qui est incapable de prendre la parole dans une réunion et qui, d'ailleurs, ne veut pas écouter ceux qui ne sont pas de son avis ? On a toujours vu le peuple applaudir aux coups d'État supprimant la liberté des orateurs et des écrivains. Pourvu que le paysan ait son *Petit Journal* où se lisent des aventures de Rocambole, que lui importe, pour le reste, la liberté de la presse ? On ne sent le prix que de ce qu'on possède réellement, non de ce que les autres possèdent sans que vous-en puissiez user pour votre part.

Aussi M. Menger, socialiste lui-même, élève-t-il des doutes sur le souci que, dans une démocratie socialiste, les prolétaires auraient de l'indépendance et de la liberté des intellectuels. Ce qui ne l'empêche pas, ' dans son plan d'Etat socialiste, de supprimer une multitude de libertés, y compris celle d'enseigner la littérature antique, qu'il accuse de tous les méfaits antisocialistes. A ce sujet, on a rappelé que Bastiat, au contraire, accusait les lettres anciennes et le baccalauréat de tous les méfaits socialistes. Peut-être l'étude de l'antiquité fait-elle défaut à M. Menger comme à Bastiat.

Les libertés de la pensée, de la parole et de la publication, si essentielles sous la démocratie, ont pour complément indispensable la liberté de l'enseignement, sous les communes garanties de capacité et de moralité. Les partisans du monopole de l'État objectent : — L'enfant a droit à la vérité. — Mais qui donc a le droit de se dire *la vérité* ? Il n'existe que des opinions humaines sur la vérité, et ces opinions doivent pouvoir être librement contestées.

Dans les questions d'enseignement, trois droits sont en présence : celui de l'enfant, celui de la famille, celui de l'État. L'enfant a droit à une certaine portion *minima* du capital intellectuel et moral de la nation. Ce minimum est celui qui lui est nécessaire pour être vraiment un homme civilisé parmi des hommes civilisés, un citoyen parmi des citoyens. L'État démocratique, d'autre part, a le droit et le devoir d'exiger de tous le minimum de connaissances scientifiques, morales et civiques, nécessaire pour exercer les droits de citoyen, y compris le droit de vote, qui implique un certain pouvoir sur autrui en même temps que sur soi. Nos communes destinées sont liées à cette condition que le suffrage universel ne soit pas exercé par des ignorants, des incapables, des insociables et des immoraux, qui n'en feront pas moins la pluie ou le beau temps, la paix ou la guerre. Le père de famille, enfin, a le devoir et le droit d'élever et d'instruire ses enfants, soit personnellement, soit par délégation, conformément à sa conscience en même temps qu'aux garanties exigées par l'État. L'enfant mineur ne peut pas exercer lui-même ses droits ; il est sous une double tutelle, la tutelle immédiate de ses parents et la tutelle plus lointaine du gouvernement. Il reste donc pratiquement deux termes en présence : la famille et l'État. Méconnaître les droits de l'un ou les droits de l'autre, égale erreur. Donner à l'un ou à l'autre un pouvoir absolu sur l'enfant, égale erreur. C'est, avant tout, au père qu'il appartient de faire ou d'assurer l'éducation de son enfant ; l'État ne peut intervenir que pour obliger les parents, s'il est nécessaire, à remplir leur devoir civique en même temps que familial d'éducation et d'instruction. Les parents gardent le droit de choisir les maîtres qui ont leur confiance, pourvu que ces maîtres remplissent les conditions de capacité exigées par la loi. Le droit d'enseigner, en effet, a des limites plus étroites que le droit d'aller et de venir, de parler et d'écrire ; c'est qu'il s'exerce à l'égard de mineurs, qui sont encore incapables de faire le triage du vrai et du faux, du bon et du mauvais. Si je parle en public ou si j'écris un livre, je parle et écris pour des citoyens majeurs, qui peuvent m'écouter ou ne pas m'écouter, me lire ou ne pas me lire. Dans l'enseignement, au contraire, je parle à des enfants ; ceux-ci sont obligés d'écouter ce que les parents et l'État demandent que je leur enseigne. De là des conditions de capacité, de moralité, d'indépendance, dont l'État est juge et garant. On comprend donc qu'il impose ces conditions, même rigoureuses ; on comprend qu'il pratique au besoin des exclusions ; en un mot, on comprend toutes les précautions possibles et toutes les garanties possibles ; mais ce que l'on ne comprend pas, c'est la confiscation de l'enseignement au profit de la majorité actuelle, représentée par une minorité d'hommes qui, pas plus que les autres, ne doivent dire : La vérité, c'est moi. Une fois toutes les conditions de capacité remplies, au nom de quel droit me refuserait-on le pouvoir d'enseigner, si des parents veulent me confier leurs enfants ? L'intérêt bien entendu de l'État lui-même est de laisser toutes les opinions libres, toutes les portes ouvertes, tout l'air et toute la lumière circulant sans entraves.

En somme, le monopole de l'enseignement, que réclament les socialistes, serait une injustice à l'égard de ceux qui voudraient et pourraient enseigner sous les conditions reconnues nécessaires ; il serait une injustice à l'égard des parents qui, ayant élevé leurs enfants jusqu'à un certain âge, se verraient tout d'un coup retirer le droit de les faire instruire conformément à leurs propres convictions ; il serait une injustice à l'égard des enfants mêmes, que l'État obligerait à n'entendre que le son d'une seule cloche, celle qu'il ferait sonner. Il serait une injustice à l'égard de la nation entière, dont il compromettrait la liberté de conscience et le progrès intellectuel. Enfin il serait un mauvais service rendu à ceux mêmes qui espèrent profiter du privilège. Rien n'est pire que d'avoir seul le droit de parler et de prononcer : c'est l'origine de toutes les erreurs invétérées et de tous les aveuglements. On devrait, au besoin, solliciter la contradiction ; on devrait, au besoin, payer les gens pour vous contredire, pour chercher les points faibles de vos opinions. Les démocrates et socialistes qui veulent s'arroger, par politique, le monopole de l'enseignement, répètent tous les vieux sophismes des fanatiques qui se sont prétendus la voie et la vie. Ils ont beau dire qu'ils enseigneront au nom de la Science : là où il y a vraiment science il n'est pas nécessaire d'établir des monopoles. Croyez-vous que des professeurs libres, munis de diplômes d'Etat et soumis à l'inspection de l'État, enseigneront aux élèves que deux et deux font cinq, qu'un triangle a quatre angles ou que l'eau est un corps simple ? Que craignez-vous ? Si vous craignez quelque chose, c'est que vous savez qu'il s'agit de croyances et d'opinions, non de « science. » Par conséquent, vous voulez que votre opinion, à vous, soit tenue pour indiscutable. Vous voulez un monopole parce que vous savez que, si vous ne parliez pas seul, on trouverait cent raisons de vous contredire. Vous mettez en avant l'État, comme si vous étiez l'État ; mais l'État est-il plus infaillible que les autres ? l'État n'est-il pas, en fin de compte, le gouvernement, — le gouvernement de tels et tels hommes aujourd'hui au pouvoir, demain renversés et remplacés par d'autres non moins éphémères ? Et c'est à ces hommes que vous voulez donner le droit d'exploiter exclusivement les consciences de nos futurs citoyens ! Non l'État n'a qu'un droit de surveillance, de protection et de concurrence en face des initiatives individuelles ou associées. L'État, dans le problème de l'éducation, n'est qu'un élément, il n'est pas le tout. Laissez-le s'ériger en tout, vous aurez un despotisme destructeur de la science et de la morale. Si absurde que soit une croyance, elle a ses éléments de vérité ; elle est utile pour empêcher votre croyance, à vous, de se prétendre définitive et absolue, de se faire ainsi tyrannique. Pourvu que, dans mon enseignement, je ne renverse pas les bases contractuelles de l'ordre social, auxquelles chacun adhère par un consentement implicite, c'est-à-dire les lois de justice inscrites dans les codes, j'ai le droit d'enseigner ce que je crois, ce que croient avec moi les païens qui me confient leurs enfants, dont ils ont la garde et la responsabilité. De même que le droit de la famille a pour limite le contrôle de l'État, le droit de l'État a pour limite la mission éducatrice de la famille. Mon enfant est à moi avant d'être à vous et à tout le monde, et, si j'ai pris la peine de le soigner, de l'élever, de le moraliser, ce n'est pas pour le voir arraché de mes mains, traîné malgré moi sous le joug des politiciens de l'heure présente. On ne saurait trop répéter que toute puissance tend à abuser d'elle-même, que la « volonté de puissance » dont parle Nietzsche a toujours besoin d'être tenue en échec par d'autres volontés. Cette balance de tous les pouvoirs n'est-elle pas le but même de la politique ? C'est surtout dans le domaine de la pensée qu'il faut bannir les monopoleurs.

Section IV

Les erreurs des systèmes d'éducation que préconisent les démocraties individualistes et socialistes se retrouvent, agrandies, dans leurs systèmes politiques. Occupons-nous d'abord de l'individualisme, et montrons les antinomies auxquelles il aboutit.

Une nation, quoi qu'en puissent dire les sans-patrie, n'est pas une réunion accidentelle d'individus, une rencontre de passants au même carrefour ; c'est une personne vivante et perpétuelle, qui a un corps organisé à conserver et à développer, des traditions, des droits et devoirs séculaires, des richesses morales et matérielles à défendre contre la passion ou l'intérêt du moment, contre la volonté même de la majorité présente. Car l'intérêt actuel peut, encore plus pour un peuple que pour un individu, se trouver en contradiction avec l'intérêt futur, surtout avec le devoir éternel. La vraie volonté nationale n'est pas seulement celle du plus grand nombre d'individus dans le moment qui passe ; elle est composée, — pour imiter le mot célèbre d'Auguste Comte, — d'encore plus d'hommes à naître que d'hommes déjà nés. Aussi le devoir essentiel de la démocratie est-il de réserver partout l'avenir, de ne jamais le laisser à la disposition, non pas seulement d'un homme ou d'une dynastie, mais encore d'une caste ou d'une majorité. En un mot, le vrai gouvernement démocratique est celui qui, au lieu d'adopter le point de vue exclusif de l'individualisme, se propose d'assurer tout à la fois : 1° la liberté et l'égalité des droits individuels ; 2° la solidarité organique et volontaire des individus dans l'ensemble.

En méconnaissant dans la pratique les principes que nous venons de mettre en lumière, la démocratie individualiste tombe dans un amas de contradictions et d'antinomies.

La première, c'est celle qui éclate entre le droit de se gouverner et celui de gouverner autrui. Mon droit politique de *me* gouverner, à vrai dire, se trouve être indivisiblement le droit de *vous* gouverner : comment donc le confondre, comme on le fait aujourd'hui, avec des droits purement civils et tout individuels ? Si j'use personnellement de mon droit civil « d'aller et devenir » pour me rendre de Marseille à Paris, je ne vous empêche pas, vous, d'aller de Paris à Marseille ; l'exercice de ma liberté civile ne vous enlève rien de la vôtre. Mais, quand j'envoie à la Chambre un député qui appliquera à vos dépens des mesures contre lesquelles vous avez toujours protesté, cette façon de *me* gouverner implique une façon de *vous* gouverner qui vous est pénible et qui peut être injuste. Le droit *civil* est *une liberté pour soi et sur soi* ; le droit *politique* est *un pouvoir sur autrui et sur le tout en même temps que sur soi-même* ; le droit civil est d'essence individualiste, le droit politique est social par essence et relatif à tout l'ensemble de l'organisme contractuel. C'est ce qu'ont oublié les théoriciens de la démocratie, et encore plus les praticiens.

La seconde antinomie, inséparable de la première, est celle du droit et de la capacité. Pour l'exercice des droits civils, le législateur a bien été obligé de reconnaître qu'une certaine capacité est nécessaire ; et pourtant, comme ce sont surtout des droits individuels, l'incapacité civile ne retombe guère que sur l'individu même, ou sur ses proches, ou sur quelques autres individus en relation avec lui. En politique, au contraire, l'incapacité de l'un retombe sur tous les autres, sur l'ensemble du corps social, de ses organes et de ses fonctions. Aussi le droit de gouverner devrait-il avoir pour condition une certaine aptitude à gouverner, tout au moins à choisir les gouvernants. On l'a dit cent fois : l'élection, étant une désignation de capacités, suppose elle-même la capacité de les désigner. C'est cette capacité intellectuelle et morale qui fait le plus souvent défaut dans les démocraties individualistes, et qui ne serait pas moins absente des démocraties socialistes. C'est aussi la volonté même de désigner les meilleurs ; le votant cherche, pour le représenter, non les hommes les plus utiles à la société entière, mais les plus complaisants pour lui-même, les plus décidés à servir ses droits individuels ou ses intérêts individuels. « On ne peut pas avoir une démocratie habile, disait Stuart Mill, si la démocratie ne consent pas à ce que la besogne qui demande de l'habileté soit faite par ceux qui en ont. » Dans son ignorance actuelle, le peuple viole ce grand principe : il gouverne contre lui-même, je veux dire contre ses besoins vrais et durables. La démocratie encore en enfance est, sur plus d'un point, l'équivalent d'un gouvernement des enfants par les enfants et pour les enfants.

La puissance politique du « peuple souverain » et sa sujétion économique nous présentent une troisième antinomie. Le peuple-roi est, économiquement, le peuple serf ; intellectuellement, il est serf aussi par l'ignorance ; il n'est roi que par le pouvoir. Or, ce roi a toujours des conseillers et des ministres, et il est loin de les chercher dans l'élite intellectuelle, qui ne serait pas d'humeur à le flatter. Il les cherche donc surtout parmi ceux qui servent ses intérêts matériels du moment présent. Peut-on demander les longs desseins politiques et les vastes pensées à des individus que presse la nécessité de vivre ? A Berlin, en 1808, après des désastres analogues aux nôtres, le philosophe Fichte disait à ses compatriotes abattus : « Les causes de nos malheurs actuels sont complexes et difficiles à démêler ; mais, si on voulait analyser la part qui revient aux gouvernements, leur tort spécial, on trouverait que les maîtres de l'État, tenus plus que les autres à prévoir l'avenir pour le dominer, n'ont songé, devant les événements de ce siècle, qu'à une seule chose : se tirer le mieux possible de leurs embarras immédiats. Ils ont écarté la pensée de l'avenir ; ils ont vaguement espéré que quelque coup de fortune trancherait le long enchaînement des effets et des causes. De telles espérances sont trompeuses. Toute force, tout principe d'action qu'on a laissé s'introduire dans la trame des événements, continue à cheminer, produit son œuvre ; la première négligence commise, une réflexion trop tardive ne peut en conjurer les effets. » — Ce que Fichte disait aux Allemands s'applique aussi bien aux Français d'aujourd'hui. Le principal péril des gouvernements populaires, c'est précisément de ne pas songer à l'avenir ; c'est, pourrait-on dire, d'être injustes pour l'avenir. Les démocraties ne se composent-elles pas d'une majorité d'hommes obligés de vivre dans le présent, soit par l'insuffisance de leurs ressources matérielles, soit par l'insuffisance de leurs ressources intellectuelles ?

L'oubli de l'avenir et l'absence de visées lointaines entraîne un autre vice, que tous les sociologues anciens et modernes ont relevé dans les gouvernements populaires : *l'instabilité.* C'est une des plus frappantes manifestations de l'individualisme démocratique. « Quel bonheur pour l'Angleterre, s'écriait autrefois lord Brougham, que la France fasse une révolution tous les quinze ans ! Sans cela, elle serait la première nation du monde. » Aujourd'hui, nous ne faisons plus de révolutions tous les quinze ans, mais, au dernier siècle, notre république a changé de ministère tous les huit mois, cinq fois plus souvent que le pays parlementaire par excellence, la Grande-Bretagne. Nous ne faisons que commencer à nous assagir.

Un philosophe a dit : « Le progrès, c'est la permanence et quelque chose de plus. » Ce qui manque à la politique individualiste, c'est la permanence ; le « quelque chose de plus, » ne trouvant pas à quoi s'attacher, ne peut même pas se produire. Au lieu d'un changement progressif, on n'a donc que des vicissitudes sans résultat durable. Notre démocratie purement individualiste semble rouler sur ces postulats philosophiques sous-entendus, dont chacun est gros d'injustices, parce qu'il est gros d'erreurs : 1° Le moment présent seul existe, le passé est mort à jamais ; quant à l'avenir, il sera ce qu'il pourra ; après nous, le déluge ; 2° les individus présents ont seuls des droits, et c'est leur volonté *du jour* qui fait le droit ; le mieux serait un gouvernement élu tous les matins ; et encore, en un jour, la volonté du peuple pourrait changer ; 3° parmi les individus présents, qui tiennent pour rien les hommes à venir, il en est qui eux-mêmes doivent être tenus pour rien dans le présent :

ce sont les moins nombreux. Ceux-ci n'existent pas ; les plus nombreux seuls, c'est-à-dire les plus forts, imposent leur volonté, qu'ils sacrent volonté *nationale*. La nation, c'est eux et eux seuls. Ils sont nos modernes Louis XIV. Mais Louis XIV restait au pouvoir ; les démocraties individualistes, elles, ont un gouvernement de voyageurs. Au lieu de volontés, elles ont trop souvent des velléités ; aujourd'hui l'une, demain l'autre, selon le hasard des aspirations individuelles. Dans la politique au jour le jour, les hommes légers réussissent le mieux parce qu'ils sont portés par tous les vents ; mais ils sont emportés de même. De cette universelle instabilité résulte la *discontinuité* dans les idées et dans les desseins. C'est le règne de l'imprévu et de l'imprévisible, du *clinamen* épicurien.

Une dernière conséquence, plus regrettable encore au point de vue philosophique et moral, c'est l'universelle *irresponsabilité*. Chacun des gouvernants ou co-gouvernants se décharge sur tous les autres. Qu'une mésaventure arrive, ce n'est jamais la faute de personne. Survient-il un danger, sauve qui peut ! C'est l'équivalent d'une foule amassée sur une grande place et qui, devant un péril, se disperse de tous côtés, avec une poussée sauvage où il est impossible de faire à chacun sa part. Tant pis pour ceux qui tombent et se font écraser : nul n'est responsable. Que la guerre éclate, à qui s'en prendra-t-on ? Que cette guerre soit désastreuse, à qui s'en prendra-t-on ? Qu'il n'y ait rien de prêt, pas de munitions dans les forts ou dans les ports, à qui s'en prendra-t-on ? Chaque ministre dira, comme l'enfant pris en faute dans une école indisciplinée : « Ce n'est pas moi ! » Le grand mal des démocraties individualistes, c'est cette absence de responsabilité : le gouvernement y reste anonyme.

Si l'on poussait à l'extrême les vices d'un tel régime, on aboutirait à la conséquence finale : endettement de la nation au profit des individus, des groupes et des syndicats ; dissolution de la patrie par les égoïsmes de toutes sortes ; règne de la passion, éclipse de la raison et, par cela même, de la vraie liberté. Cet état d'injustice chronique, où l'individualisme n'aurait plus aucun contrepoids, est celui qu'on désigne d'un seul mot : *anarchie*.

Section V

Quels sont les principaux moyens d'éviter, dans l'ordre pratique, les écueils dont les démocraties sont menacées ? Sans empiéter sur le domaine des hommes d'État, le philosophe a le devoir de poser les règles les plus générales.

Nous avons vu que le fondement de la science politique devrait être ce principe, également opposé au despotisme et à l'anarchie, que la nation est tout à la fois un *contrat social* et un *organisme social*. Pour que le Parlement « représente » la nation, il faut donc qu'il en exprime les deux aspects essentiels. Selon nous, c'est l'objet des deux Chambres, considérées au point de vue sociologique et moral. La Chambre des députés répond au contrat social, c'est-à-dire au consentement des volontés libres et égales, qui s'entendent pour faire la loi et pour diriger la politique générale. Nous verrons tout à l'heure que le Sénat devrait exprimer l'organisme social et ses fonctions permanentes. De là dérivent la légitimité et la nécessité du suffrage universel, appliqué à l'élection des députés. L'organisation de ce suffrage est ce qu'il y a de plus essentiel dans une démocratie, puisque tout le reste en dépend. La première condition du progrès politique, en France, c'est de répandre dans la nation entière cette idée que notre façon actuelle d'élire nos députés, quoique reposant sur un fondement de justice, aboutit à violer la justice dans la pratique ; que, par conséquent, au lieu de considérer notre mode de suffrage comme l'objet d'une adoration béate et d'un *noli tangere*, il en faut faire un objet constant d'étude et de réforme en vue d'assurer les droits de tous.

Notre démocratie est ici victime d'une erreur sociologique. Ou vous ne groupez pas les électeurs, et vous avez alors, pour tout un pays, l'unité de collège ; ou vous les groupez par circonscriptions, et alors vous introduisez manifestement l'idée d'un certain ordre d'intérêts et de droits attachés à ces intérêts. Il s'agit donc, pour être logique, de savoir si les circonscriptions *territoriales* sont les plus justes groupements d'intérêts et de droits. Or, les intérêts ainsi groupés ne sont que locaux ou régionaux. Si ce n'est pas le clocher même, c'en est chose bien voisine. Dans un même arrondissement, la majorité est ou agricole, et veut alors le protectionnisme, ou commerçante, et veut alors le libre-échange, ou ouvrière, et veut alors le collectivisme, etc. Les intérêts de classe, de profession ou d'individus passent au premier rang, et ils y passent au hasard des circonstances locales, sans méthode, sans régularité, sans franchise.

Tandis que notre suffrage mêle ainsi, d'une manière désastreuse, les intérêts particuliers des votants au mode de consul-talion nationale, une démocratie mieux entendue devrait placer les électeurs dans des conditions où l'intérêt universel leur apparût comme prédominant. Ne faut-il pas, en effet, dans une Chambre de députés, que l'âme de la patrie puisse s'exprimer d'une manière collective, sans considération des différences entre régions, comme aussi entre professions ou entre conditions sociales, avec le seul souci de porter au pouvoir les hommes les plus capables et les plus désintéressés ? Aussi n'est-ce pas sans raison qu'on a proposé des mesures correctives du suffrage actuel : élargir les circonscriptions de manière à leur faire embrasser de vastes portions de territoire ; aux députés de ces grandes régions adjoindre, s'il est possible, des « députés nationaux » nommés par le pays et représentant le pays tout entier.

Outre cet élément de généralité et même d'universalité, qui seul peut refréner l'individualisme égoïste, la justice exige, en toute représentation vraiment démocratique, la *proportionnalité*. Emile de Girardin appelait notre mode de suffrage la barbarie organisée ; d'autres l'ont appelé la barbarie mathématique. « En barbarie, qui doit commander ? Les plus forts. Qui sont les plus forts ? Les plus nombreux.[1] » Cette satire méconnaît sans doute la base légitime du suffrage universel, qui est le *droit* pour chacun de contribuer à l'élection des pouvoirs représentatifs d'un peuple. Mais il est certain que, dans le système présent, le suffrage universel devient suffrage des majorités et que le droit risque d'être étouffé sous la force du nombre. S'il y a, aux yeux du philosophe, une iniquité fondamentale dans le gouvernement de tous par un seul ou par plusieurs, il y en a une semblable dans le gouvernement de tous par les plus nombreux *comme tels*, ou par ceux qui sont censés représenter les plus nombreux et qui eux-mêmes ne sont qu'un petit nombre. L'iniquité peut être moindre et moins durable, soit ; vous avez l'espoir d'être demain à votre tour parmi les plus

---

1 M. Faguet.

nombreux et les plus forts ; mais comment se persuader que ce soit là le gouvernement selon la justice ? Le droit exclusif des majorités n'est qu'un substitut plus ou moins fidèle du droit des unanimités. On convient unanimement, faute de mieux, de s'en rapporter à la majorité, mais c'est à la condition que cette majorité se considère comme représentant les droits et intérêts de la totalité, non pas seulement ceux des individus les plus nombreux. En pratique, il est difficile de compter sur une telle abnégation. La vraie justice veut donc que, par un mécanisme approprié, on réserve aux minorités leur part d'influence proportionnelle, pour sauvegarder ainsi les droits de tous.

En assurant, par la Chambre des députés, une représentation vraiment universelle et proportionnelle des volontés, la démocratie aura-t-elle, aux yeux du philosophe et du sociologue, achevé l'œuvre de justice ? Pas encore. La représentation proportionnelle, en effet, n'est que numériquement proportionnelle ; or, l'idée de *valeur* est plus haute que celle de quantité. La représentation proportionnelle ne traite encore les majorités que comme des nombres ; elle compte sans peser. Elle compte tous les votes, et c'est un grand point, mais ce n'est pas le seul. Sa vraie supériorité théorique est que, en comptant tous les votes, elle a plus de chances de faire place, dans la représentation, à tous les droits individuels et à tous les grands intérêts nationaux. C'est en cela, au fond, que consiste sa signification la plus élevée. Mais il est naturel d'aller plus loin et de se demander si, dans la représentation nationale, le point de vue arithmétique ne doit pas être dépassé, s'il n'est pas juste d'introduire des considérations de valeur.

Pour aucun sociologue la réponse ne sera douteuse. Il s'agit seulement de savoir quelles valeurs doivent être représentées, et comment. Pour le déterminer, reportons-nous à l'idée de l'organisme contractuel. Nous avons vu que la Chambre des députés, fondée sur le vote de tous les individus égaux et libres, représente le contrat social, l'accord et le consentement des volontés individuelles sur les questions collectives. Mais, nous l'avons vu aussi, l'idée d'*organisme* n'est pas moins importante que celle de contrat. Sans vouloir assimiler entièrement la nation à un animal comme le font certains sociologues, encore est-il qu'elle contient tout ce que renferme un être vivant, avec quelque chose de plus et de plus important. Une nation peut-elle vivre sans des organes d'éducation et d'enseignement, sans des organes de recherche scientifique, sans des organes de travail industriel, de travail agricole, etc. ? Il faut que tous ces organes de la vie spirituelle ou matérielle aient, dans la direction finale de l'ensemble, une influence proportionnée à leur importance et à leur « subordination » naturelle. Supposons que, dans le corps humain, chaque cellule du tissu ou des os, chaque globule du sang ait sa représentation *individuelle* au cerveau, mais que les *organes* eux-mêmes, cœur, poumons, estomac, mains et pieds, ne l'aient pas, qu'il n'existe aucune région sensitive et motrice pour recevoir leurs impressions et leur communiquer des impulsions ; pourra-t-on dire que l'organisme soit vraiment représenté et qu'il y ait dans le cerveau une vraie volonté collective ? Non. Nous ne trouverons plus là qu'un total numérique d'individus cellulaires, sans que leurs associations et leurs groupements essentiels soient reconnus. Tel est, dans nos démocraties, l'effet de la représentation purement numérique et non organique.

La suppression de tout mandat représentatif héréditaire est sans doute la condition primordiale et légitime de la démocratie, mais elle n'implique nullement la suppression de toute continuité, de toute constance, de toute représentation des grandes fonctions durables ; elle n'implique pas la remise de toutes choses aux hasards des votes, aux caprices du nombre et à l'usurpation des plus nombreux ; elle n'implique pas l'universelle désorganisation politique au sein d'une nation socialement organisée ; elle n'implique pas la perpétuelle contradiction entre l'idée de justice sociale, sur laquelle la vraie démocratie repose, et le triomphe des intérêts d'individus, de localités, de partis ou de classes, exploités par les plus habiles. Cette erreur est au fond de tous les gouvernements démocratiques actuels ; elle en explique les aberrations et les iniquités. L'absorption de l'organique par l'inorganique, des fonctions sociales par la quantité brute ou par le nombre régit et fausse la politique contemporaine. En fait, la nation n'est pas représentée en ses organes essentiels par son gouvernement et, en conséquence, ne peut se gouverner elle-même. Nous ne sommes pas, comme nous le croyons, en vraie *république*. Nous nous dupons nous-mêmes en le proclamant, et nous dupons les autres.

Nous vivons de sophismes et d'expédients au jour le jour.

Il faut donc, outre la part des volontés individuelles, qui, elles-mêmes ne devraient pas être entièrement sacrifiées aux plus nombreux et aux plus forts, faire la part de l'organisation sociale et des fonctions sociales, qui sont permanentes ; il faut assurer la stabilité de la vie collective sous la mobilité des volontés individuelles.

C'est pour cette raison que, aux yeux du philosophe et du sociologue, une seconde Chambre, fondée sur l'idée de valeur organique, est absolument indispensable pour compléter la première, fondée sur l'idée de nombre. Une démocratie soucieuse non pas seulement du bien des individus, mais du bien de l'État, doit assurer aux droits universels de la nation, comme à ses intérêts universels, une constante prépondérance au moyen d'une constante représentation de tous par l'élite. A côté de la Chambre des députés, qui représente surtout les droits et intérêts légitimes des individus, dans leurs rapports mutuels et dans leurs rapports avec l'État, la Chambre haute doit représenter les intérêts des organes essentiels de l'État dans leurs rapports mutuels et dans leurs rapports avec les individus. Sans cette seconde Chambre, nous avons la tyrannie ou l'anarchie, ou les deux à la fois ; nous n'avons pas la vraie liberté. L'existence d'un Sénat n'est donc pas seulement facultative ; elle est de droit. Et ce Sénat doit être organisé de manière à ne pas être une simple doublure de la Chambre, mais son complément nécessaire, répondant aux grands organes sociaux.

Maintenant, quels sont ces organes ? Le sociologue peut-il les reconnaître dans les conseils municipaux et dans les conseils généraux, c'est-à-dire dans des conseils purement locaux ? Le territoire et ses divisions représentent-ils les appareils les plus essentiels de la vie nationale ? Non. L'Université, l'armée, la marine, les associations savantes, les associations ouvrières, industrielles, agricoles, sont des organes autrement importants que le Conseil municipal de Carpentras ou même celui de Toulouse, à qui les défunts sont chers. Dans nos sociétés de plus en plus complexes, les groupements sociaux, intellectuels et économiques, l'emportent de plus en plus sur les groupements géographiques. J'ai beau habiter Menton, je vis surtout avec ceux qui ont des préoccupations d'esprit semblables aux miennes. Si donc la Chambre des députés représente plus particulièrement les volontés de tous les individus actuellement vivants, le Sénat, lui, devrait représenter les intérêts perpétuels et collectifs de la science, des arts, de la morale, de la justice, de la défense nationale, des finances, de l'agriculture, etc. Cette différence entre les deux Chambres est fondamentale ; la méconnaître ou ne pas la consacrer dans les institutions, c'est s'abandonner au caprice des hommes et des choses. Tous les grands peuples ont plus ou moins vaguement compris ce rôle de la Chambre haute ; tous sont arrivés, par des moyens plus ou moins empiriques et imparfaits, à représenter les intérêts universels. Au-dessus de l'empirisme politique, il serait temps d'élever des institutions vraiment raisonnées. N'est-ce pas, par exemple, un intérêt et même un droit absolument général, indépendant de toutes les professions et commun à toutes, que l'*instruction* soit bien organisée et qu'elle soit surveillée par l'État ? Il faut donc, au Sénat, des représentants de l'enseignement, non en tant que profession, mais en tant que fonction et magistrature publique. N'est-ce pas encore un intérêt absolument général que la haute science progresse ? Il faut donc au Sénat des représentants des corps savants, qui, à leur manière, exerceront encore une magistrature. C'est un intérêt et un droit absolument général que la défense militaire de la patrie soit forte et stable ; il faut donc des représentants de l'armée et de la marine. C'est un intérêt absolument général que d'assurer l'essor de l'industrie, de l'agriculture, du commerce ; il faut donc des représentants de l'industrie *en général*, du commerce *en général*, de l'agriculture *en général*, indépendamment de toute profession particulière. Il faut, en d'autres termes, qu'une démocratie emprunte les membres de sa Chambre haute aux élites de l'enseignement, de la science, de la littérature, de l'armée, de la magistrature, de l'industrie, du travail ouvrier, du commerce, de l'agriculture, des finances, de la politique, de la diplomatie. Il faut que cette élite des élites, élue par les corps compétents avec ratification par le suffrage universel, continue et maintienne, au-dessus des volontés changeantes, la tradition ininterrompue de la vie nationale.

Le vrai problème démocratique, on le voit, n'est pas de représenter *tous les intérêts* particuliers des individus ou des groupes ; il est de dégager l'intérêt général, qui n'est nullement le simple total des intérêts d'individus ou de groupes, qui souvent même leur est opposé, qui, en tout cas, a son existence et sa valeur propre, durable, lointaine et universelle. Aussi un philosophe se gardera-t-il d'employer ici le terme à la mode de « représentation des intérêts, » ou celui de « représentation professionnelle, » qui semblerait encore une forme de l'individualisme démocratique. C'est, nous ne saurions trop le redire, au maintien des grandes *fonctions sociales* et des grands *organes sociaux* qu'il faut songer.

Ajoutons que le Sénat est institué pour résister à un mouvement irréfléchi des volontés présentes ; raison de plus pour que le collège électoral qui nomme cette assemblée soit un collège différent de tout autre. C'est une idée philosophiquement et sociologiquement inexacte que celle de l'uniformité absolue. Par malheur, le faux égalitarisme entraîne cet amour de l'uniformité trop fréquent dans un pays comme le nôtre, qui est ami des symétries logiques et confond volontiers l'identité abstraite avec l'identité réelle. Notre esprit simpliste n'admet, en politique, aucune complication ; il semble que toute assemblée doive être composée d'une manière absolument uniforme. C'est méconnaître les variétés réelles et, sous une trompeuse apparence d'égalité, inégaliser la représentation nationale en sacrifiant les uns aux autres. Moins grossière sera la méthode des démocraties futures ; elles sauront distinguer ce qui est distinct, réunir ce qui est vraiment semblable. Rien de simple dans les choses humaines. Tout progrès est une complication : le char traîné par des bœufs était moins compliqué que nos locomotives. Notre politique en est encore, ou à peu près, au char des rois fainéants.

Section VI

La démocratie politique a une naturelle tendance à devenir peu à peu démocratie sociale. Comment le peuple, sachant qu'il a le pouvoir d'élire, ne choisirait-il pas de préférence ceux qui lui promettent des changements à son profit et même une transformation radicale de la société ? L'esprit absolu du peuple, surtout en France, se porte immédiatement aux doctrines extrêmes. Le labarum socialiste devient obligatoire comme symbole de soumission à la classe des travailleurs manuels : *in hoc signo vinces*.

Est-il donc vrai que la démocratie aboutisse fatalement au socialisme ? Les partisans de cette thèse disent : — Le collectivisme existe déjà pour les droits et intérêts absolument généraux, puisque l'État démocratique et républicain est la défense collective de ces droits, l'organisation collective de ces intérêts ; pourquoi ne réaliserait-on pas aussi le collectivisme dans l'ordre économique, à commencer par le régime de la propriété ? — Mais l'ordre économique n'est nullement l'ordre juridique et politique. Il n'y a d'absolument général, dans l'ordre économique, que certains grands intérêts qui enveloppent aussi des droits et qui, en effet, deviennent ou peuvent devenir de plus en plus œuvre collective. Mais l'ordre économique, au-dessous des droits universels et intérêts universels, est le champ des intérêts individuels ou associés ; c'est aussi la sphère du travail individuel ou volontairement associé, qui varie selon les personnes, selon leur intelligence, leur force corporelle, leur valeur morale, etc. C'est, par cela même, la sphère des libertés. On ne peut donc, de ce que l'autorité juridique et politique est devenue collective dans les démocraties, conclure que le progrès économique doive aussi être l'œuvre d'une autorité collective. Ce progrès est essentiellement œuvre de liberté ; l'autorité n'y intervient que pour assurer la liberté même avec le respect de tous les droits. Que la part de l'intervention collective dans l'organisation économique aille croissant, cela est possible, probable et même certain ; mais il n'en résulte pas que tout doive devenir collectif. Un régime de liberté économique pour les individus et pour les associations, sous des règles de justice absolument communes à tous et égales pour tous, constitue une démocratie économique et n'est nullement le collectivisme, De même, la diffusion progressive des capitaux aux mains des travailleurs, avec l'égalisation progressive des conditions et la disparition progressive des « classes, » voilà de la démocratie sociale, et ce n'est pas du collectivisme.

Le régime de justice civile, politique et sociale, fondé sur l'idée du droit, s'oppose au régime distributif des richesses et du bien-être, fondé sur l'idée d'intérêt. Il a cet immense avantage que les droits qu'il protège, qu'il consacre ou rétablit, sont les droits de tous, égaux pour tous, assurant la liberté réelle de tous. Nous trouvons là un exemple de ces biens dont parle Platon, qui peuvent être possédés par les uns sans que les autres en soient dépossédés. Pour vous rendre justice, je n'ai pas d'injustice à faire aux autres ; pour maintenir votre liberté, je n'ai pas à confisquer la liberté des autres ; pour reconnaître vos droits, je n'ai pas à méconnaître les droits des autres. Les connaissances que j'acquiers vous privent-elles des vôtres ? La lumière qui s'allume dans mon esprit éteint-elle celle qui brille au fond de votre pensée ? Tout au contraire ; plus il y a de foyers lumineux, plus la lumière est éclatante pour tous. De même, ma moralité vous prive-t-elle de la vôtre ? N'en est-elle pas, au contraire, le complément et, en partie, le soutien ? Tant que nous sommes dans la région des biens intellectuels ou moraux, nous sommes dans la paix et dans l'union. Là est la vraie démocratie, c'est-à-dire l'égalité réelle des libertés pour tous et la solidarité des biens moraux entre tous : démocratie civile, démocratie politique, démocratie sociale, mais non pas démocratie socialiste. Il y a entre les deux conceptions une barrière, celle qui sépare le droit de l'intérêt, la justice de la richesse.

Est-ce à dire que les inégalités excessives des biens matériels doivent subsister ? Pas le moins du monde. Mais il faut qu'elles disparaissent spontanément par le progrès du vrai régime démocratique. Il n'y a pas besoin pour cela de supprimer la propriété individuelle ; il faut, au contraire, la consacrer dans ce qu'elle a de vraiment légitime et de vraiment personnel. Il n'y a pas de confiscations ni d'expropriations à opérer ; il n'y a que des droits à défendre ou des dénis de droit à réparer. La tâche est déjà énorme ; du moins est-elle nécessaire et normale pour la société humaine ; mais la tâche de la distribution matérielle par la collectivité est surhumaine. La démocratie n'est qu'une organisation de libertés égales pour tous ; elle ne s'occupe pas du fond des choses, du contenu ; elle n'a pour but que de donner à tous les citoyens voix au chapitre, droit de voter, d'être représentés, droit de participer au gouvernement par ses mandataires. Malgré la simplicité relative de ce problème, que de difficultés et de complications qui, nous l'avons vu, aboutissent à fausser la démocratie, à la changer tantôt en oligarchie, tantôt en démagogie ! Que serait-ce s'il s'agissait de demander et de rendre à chacun selon ses capacités et selon ses mérites ?

On ne peut concevoir que deux modes d'administrer : l'un, par des corporations et syndicats comprenant les ouvriers qui travaillaient auparavant dans les usines : l'autre, par des fonctionnaires publics que le Corps législatif déléguerait pour diriger les industries devenues nationales. Mais, en ce qui concerne la première hypothèse, les ouvriers sont encore d'une incapacité notoire quand il s'agit d'administrer. Ce n'est pas tout d'un coup, par une action révolutionnaire ou par une décision législative, qu'ils peuvent acquérir la capacité nécessaire. La difficulté que l'ouvrier éprouve de nos jours à faire marcher une coopérative de production en est la preuve. Imprévoyant, insoucieux du lendemain, trop peu instruit, l'ouvrier est obligé de faire appel le plus souvent à des « bourgeois » pour gérer la production et l'échange. Sans qu'il y ait de sa faute, son incapacité politique n'est pas moindre à notre époque que son incapacité administrative. Toute la politique, pour la plupart des ouvriers, se réduit à voter en faveur des candidats les plus révolutionnaires (que leurs théories soient absurdes ou non), à faire des émeutes, à tenter des révolutions, à saboter et boycotter, enfin à changer presque toutes les grèves en scènes de violence et de pillage. Ecraser quiconque n'est pas de son avis, voilà le plus souvent la politique de l'homme du peuple ; elle se montre à nu dans les réunions publiques (« *Enlevez-le* ! »), surtout dans les coalitions et grèves. Les socialistes sincères le reconnaissent eux-mêmes, mais ils espèrent que, dans l'avenir, tout changera par le seul fait qu'on aura proclamé la collectivité des biens. On pourrait leur demander s'ils croient vraiment que, dans cent ans, dans cinq cents ans, dans mille ans, la foule ne sera pas toujours la foule, ayant devant l'élite la même infériorité relative, la même incapacité foncière de s'élever en masse à des vues désintéressées et de longue portée, qui embrassent l'avenir lointain. Quand donc la démocratie collectiviste sera-t-elle possible, étant donné la nature humaine en général et celle des foules en particulier ? Une masse de bourgeois n'est pas plus sage qu'une masse de prolétaires et, si vous mettez seulement cinq cents bourgeois dans un palais législatif, ce palais retentira des clameurs d'une cohue mal disciplinée.

Quant aux fonctionnaires de la démocratie, sur lesquels compte le collectivisme, nous savons la peine qu'ils ont déjà, de nos jours, à bien accomplir une besogne souvent toute machinale : nous savons aussi l'indiscipline dont ils sont capables envers leurs chefs et les coalitions qu'ils peuvent former pour imposer leurs volontés au gouvernement et au public. Il est donc imprudent de compter sur le fonctionnarisme pour réaliser la justice distributive. Nous ne saurions croire que le seul remède à nos maux soit de tout décharger sur les épaules de l'administration, qu'il s'agisse de l'État, de la commune ou de la fédération des syndicats. Les mérites de nos gouvernements actuels, même démocratiques, n'autorisent guère les rêves paradisiaques sur l'infaillibilité des gouvernements à venir. Compter toujours sur l'État ou sur la société, c'est reporter la difficulté plus loin et plus haut, non la résoudre. Les statisticiens ont vingt fois démontré, chiffres en main, que les ressources actuelles de la bienfaisance suffiraient déjà à empêcher les grandes misères, si celles-ci n'étaient décuplées par l'alcoolisme ; vingt fois, ils ont montré que, si l'homme du peuple employait pour son bien et celui de sa famille ce qu'il dépense en alcool et en tabac, il n'y aurait plus de prolétaires et les usines rachetées passeraient aux mains des travailleurs. Que fait cependant l'État démocratique, que font les communes, avec leur armée de fonctionnaires, que font les syndicats devant l'alcoolisme, devant le tabac, le jeu, la prostitution, la pornographie, l'excitation à la débauche ? Rien. Toucher aux vices, ce serait toucher à l'Arche Sainte. Prendre des mesures contre les cabarets, ce serait cent fois plus grave que de fermer des temples : les prêtres sacrés de l'ochlocratie ne sont-ils pas les marchands de vin ? Lutter contre le tabac, ce serait renoncer au plus lucratif des monopoles. N'a-t-on pas proposé aussi le monopole des maisons de débauche ? Si l'État y ajoutait celui des publications licencieuses, il ferait fortune. Que la foule dirige de plus en plus toutes choses par l'intermédiaire de ses serviteurs, et vous verrez s'abaisser de jour en jour le niveau des gouvernants ou chefs d'administration, tout tremblants devant leurs maîtres d'en bas.

Le collectivisme se flatte, en socialisant tous les biens, de supprimer les *intermédiaires*, qui perdent la force vive et finissent par être des parasites ; il condamne le commerce en général, les marchands en gros et surtout en détail, tout ce qui s'interpose entre le producteur et le consommateur. Et sans doute l'idéal serait que le producteur et le consommateur fussent en face l'un de l'autre, que le producteur de café, par exemple, livrât une lasse de café à celui qui doit la boire. Mais qui ne voit l'impossibilité de cette présence immédiate et eucharistique ? L'espace et le temps sont deux premiers obstacles : le café consommé en Europe est produit en Amérique : vous ne supprimerez pas l'Océan ; il y aura toujours l'intermédiaire des transports. Ce n'est pas tout. Une fois le temps et l'espace surmontés dans la mesure du possible, la démocratie socialiste aura toujours à *distribuer* les produits pour les besoins des consommateurs. Cette distribution ne pourra jamais se faire d'un seul coup et sans intermédiaires, de quelque nature qu'ils soient. Les producteurs, eux aussi, sont des intermédiaires. « Le boulanger m'a dit en rêve : Fais ton pain. » Mais, quand même je ferais mon pain, j'aurais encore besoin des intermédiaires qui ont fait mon pétrin, ma huche, qui ont fait ma farine, semé et récolté mon blé, etc. Robinson seul n'avait pas d'intermédiaires. Au sein de la société, tous les hommes qui se rendent des services sont des moyens et des intermédiaires les uns par rapport aux autres. Si le marchand prétendu improductif m'épargne, à moi producteur, une certaine portion de temps et d'espace que j'aurais à parcourir pour me procurer tel objet, il aura augmenté la production possible ; il aura coopéré à la production réelle. Produire, ce n'est pas nécessairement frapper une enclume avec un marteau. Puisque j'habite Menton, quand j'aurai besoin de quinine pour couper ma fièvre, il faudra toujours que je m'adresse à quelqu'un qui en aura le dépôt à Menton : pharmacien fonctionnaire de la collectivité, ou pharmacien établi à son compte, ce sera toujours un pharmacien. Les démocrates collectivistes ne voient pas qu'ils ne suppriment point les intermédiaires, mais les remplacent par d'autres ; aux commerçants ils substituent des fonctionnaires mais qu'importe le nom ? Si les commerçants sont aujourd'hui trop nombreux, qui me dit que les fonctionnaires de la démocratie collectiviste ne seront pas trop nombreux ? D'autant plus que chaque citoyen demandera une place, un emploi, une occupation quelconque dans les bureaux et dans les magasins collectifs. Voit-on aujourd'hui que les administrations et les bureaucraties, avec leurs écritures, leurs paperasses, leur hiérarchie d'employés de toute sorte, simplifient tellement les besognes et suppriment les intermédiaires ? Allez au ministère des Finances pour quelque somme à toucher, au ministère de la Justice pour quelque pièce à vous procurer, vous verrez si les intermédiaires ne foisonneront pas, depuis le portier ou l'huissier jusqu'au premier commis qui vous renvoie au second, le second au troisième, de guichet en guichet, pendant des heures. La suppression totale des intermédiaires est une utopie. Ce qui est vrai, c'est que la démocratie doit en diminuer le nombre et surtout remplacer les intermédiaires inutiles par des intermédiaires utiles ; mais il y aura toujours une distance entre la coupe et les lèvres, entre le besoin et la satisfaction. Ce qui supprime le mieux les intermédiaires, ou plutôt, ce qui les organise de la façon la plus économique et la plus profitable à l'ensemble, ce sont les associations coopératives, surtout quand il y a association des sociétés de production et des sociétés de consommation. La suppression des intermédiaires ne peut être que progressive et ne peut résulter que d'une organisation de plus en plus avancée et savante des associations de toutes sortes, non d'une mesure générale prise par l'État démocratique, qui, pour assurer la dite mesure, aurait précisément besoin d'innombrables intermédiaires.

Nous devons conclure que la démocratie avenir ne sera ni le salariat actuel, ni le fonctionnarisme d'Etat, ni le collectivisme. L'initiative individuelle-, les coopératives et les syndicats, les diverses espèces de contrôle municipal ou de contrôle d'Etat, resteront également nécessaires pour l'organisation industrielle et sociale des démocraties. Sous leurs apparentes oppositions, ces diverses formes d'organisation ont un même objectif : trouver des conditions qui assurent, dans tout produit et dans toute valeur, la légitime part de la société et la légitime part de l'initiative individuelle. La justice protectrice, préventive et réparative, voilà le but auquel il faut toujours revenir ; la justice distributive ne doit être que la conséquence spontanée du progrès de toutes les autres justices.

Ceux qui ont la conscience des droits universels en ont aussi, par cela même, la garde : ils doivent s'unir pour la défense de ces droits et s'opposer à ceux qui les compromettent. Loin de se décourager, ils doivent considérer l'espérance comme un devoir. Ce n'est point d'en bas, c'est d'en haut que peut venir le mouvement de régénération, l'effort premier contre les maux dont souffrent les démocraties. La tâche la plus importante incombe aux minorités les plus éclairées. Qu'elles se persuadent bien que leurs devoirs augmentent sans cesse, augmenteront toujours à mesure qu'elles

les accompliront mieux. Et peut-être la masse leur sera-t-elle de moins en moins reconnaissante du devoir accompli. Est-ce une raison pour s'y soustraire ? Ce n'est pas par intérêt pour nous que nous devons faire le bien de tous. Le progrès même de la justice nous oblige à plus de justice encore.

ISBN : 978-1979792615

www.ingramcontent.com/pod-product-compliance
Lightning Source LLC
Chambersburg PA
CBHW070751260726
48660CB00007B/3063